まえがき

　東京の私鉄電車の中、戦前生まれで「最も美しいのは」と聞かれれば、筆者は躊躇せず帝都電鉄のモハ100形系列を挙げる。
　残念ながら、帝都電鉄の時代や小田原急行鉄道と合併して、最大輌数29輌に達したころは見ていないが、戦後も落ち着いた昭和20年代の中頃、子供時代の筆者は、乗車機会の多かった井の頭線に乗るのが、何よりも楽しみであった。
　渋谷では、東横線から迷路のように、地下鉄に沿って山手線を越え、玉電の横にあった木造バラック、昼なお暗い連絡通路を渡り、階段を登ると3番線まである井の頭線ターミナルに着く。
　高架ホームの右手下には、バラックの繁華街と東宝の映画館が一望出来た。
　赤い屋根と黒に近い緑色の電車、暗いホームのせいか、シルエットの電車はひときわ大きく見えた。先頭の運転室横、展望席を取るために駆け出すが、たいがい大人の先着者がいた。
　すぐ引き返して連結部に陣取る。甲高いタイフォン一声、動き出した電車同士の向かい合う顔、油のきいた連結器の押し合い引き合いの動き、流れるバラストの動きに対し、エアホースや電気連

結線の不動の姿勢、上を見れば、向かい合うヘッドライトやその取り付け台、窓のヒサシが、まるで電車同士、話をしているようにも見えた。いつまで眺めていても飽きなかった。

電車が代田二丁目に入る直前、進行左手の引き込み線の奥は、いつも気になっていたが、草の繁った線路が続いているだけで、一度も車輌を見ることはなかった。

永福町の車庫横の通過も楽しみであった。とんがり屋根の工場や、窓を新聞紙だらけにした工事中の電車がよく見えた。

浜田山を過ぎた進行左手、松林が終わると一望千里、ここが東京かと思うような広々した景色だった。

井ノ頭公園は、駅のすぐ下の杉林に大きなプールがあった。玉川上水からの引水で、冷たくて子供には無理であったが、時々通過する電車を真横から眺めるのが楽しかった。

■

上巻では井の頭線のルーツである帝都電鉄の成り立ちから「大東急」時代、戦災前までのあゆみと車輌について紹介する。

武蔵野の緑をぬって、真新しい線路と鉄柱を進むモハ100形。
1933.8.6　久我山－三鷹台　P：宮松金次郎

下北沢。甲高い警笛とともに小田原急行の下り線を渡るモハ108。　　1933.8.7　下北沢　P：荻原二郎

「帝都」と言う言葉の始まりは古く、明治時代以前の日本では京都を指す言葉として、長く使われていた。

その後の近代日本では、首都としての東京を示す言葉として定着した。

昭和期にはいると、関東大震災の痛手から立ち直った東京を祝う「帝都復興祭」が催され、夜中まで続く提灯行列に、人々は帝都復興の合言葉に酔いしれていた。これを機に、「帝都」は東京の枕詞の様に報道、論文、各方面に使われ、流行の様に企業名、団体名にも浸透していった。

その様な時代背景のもと、新設鉄道会社の新路線として帝都電鉄渋谷～吉祥寺間は開通した。1933（昭和8）年から1934（昭和9）年にかけてのことで、これは戦前期、東京最後の新設鉄道であった。

相を呈するものであった。

これらは、実現していれば相当利用度の高いと予想されるもの、実現性をほとんど疑わざるを得ないものなど、玉石混交の状況であった。

その乱立と市中心部乗り入れを早くから危ぐしていた東京市は、行政区分上の市域と郡部の境界より市中への乗り入れ計画を、一部の例外を除いて排除していた。そのため新たな計画では、大半が環状線（＝山手線）の駅にターミナルを設け、そこから放射状に外へ向かうものが中心であった。

これら多くの計画路線の中に、非常に特徴的な計画

I. 帝都電鉄前史

1. 郊外私鉄計画のブーム

大正時代中頃から昭和初期にかけて、東京近郊は熱病に冒されたように電気鉄道建設計画が立ち上げられた。特に東京西南部方向には、後に建設された私鉄の多くが、この時期に計画され、その免許が申請、認可されて、一部は着工に至っていた。

その計画の多くは、市中心部より放射状に郊外へ延びていて、発展が予測されるその地域の先陣争いの様

東京山手急行電鉄の出願に際し添付された上申書。
所蔵：東京都公文書館

の3社が存在した。いずれも環状線の外側0〜数キロを環状に周回するもので、沿線一帯はまだ武蔵野台地の農村部に、所々古くからの町が点在する地域であった。

　3社とは、1920（大正9）年3月10日申請の東京鉄道（砂町〜大井町間）、1921（大正10）年8月26日申請の東京郊外電気鉄道（蒲田〜大塚間）、同年9月29日申請の東京電気鉄道（大井町〜西平井町）の競願で、この3社の類似計画は、いずれも人口の少ない郊外の郡部地域を結ぶ環状鉄道ということで、採算性と資金調達の面で危ぶまれた。鉄道省内でも、環状計画の有力3社として検討されたが、結局、最有力とされていた長井益太郎を発起人代表とする東京電気鉄道計画も含めて、3社共全て却下されてしまった。

競願となった東京鉄道（砂町〜大井町間）、東京郊外電気鉄道（蒲田〜大塚間）、東京電気鉄道（大井町〜西平井町）の3社の手書き比較表。　　所蔵：東京都公文書館

２．東京山手急行電鉄の計画

　1923（大正12）年9月1日の関東大震災による混乱期が過ぎて、近郊地域の情勢も変化し、各申請鉄道会社も計画の多くを見直した。

　東京電気鉄道も1926（大正15）年8月発起人会を開き、総代以下が入れ替わり、実業家で三十四銀行の常務取締役の太田一平が発起人総代に就任した。

　同年9月28日には、社名も新たに東京山手急行電鉄（株）とし、同じく12月3日には免許の再申請も行っている。このインパクトのある社名にしたのは、震災で被害の少なかった東京の北西、南西方向を表す「山手」の言葉が、憧れを含んだ流行語になっていたことによる。また前年の1925（大正14）年3月28日に鉄道省の山手線が、完全な環状運転を始めて話題になったため、第二の山手線を気取ったからとも言われている。

　この時の企業目論見書を要約すると、

第一、目的

　電気鉄道を敷設し旅客、貨物の運輸並びに土地、建物及び遊園地の経営、これに関連する業務を営む。

第二、名称及び事務所の設置地

　東京山手急行電鉄株式会社（旧称東京電気鉄道株式会社）と称し、事務所を東京市赤坂区青山南町六丁目147

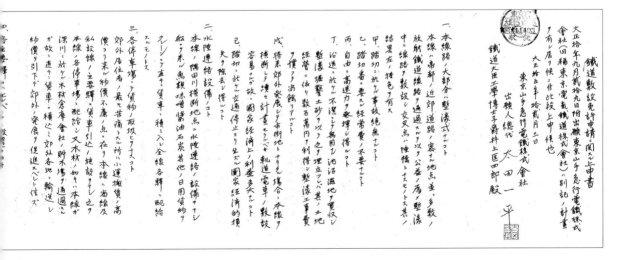

東京山手急行電鉄免許の際の起業目論見書。
所蔵：東京都公文書館

起業目論見書

第一、目的
電気鉄道ノ敷設ニ依リ旅客貨物ノ運輸並ニ土地建物日用品市場及遊園地ノ経営並ニ之ニ関聯スル業務ヲ営ムヲ目的トス

第二、鉄道ノ名称及主ナル事務所ノ設置地
東京山手急行電鉄株式会社（仮称東京郊外鉄道株式会社）トナシ事務所ヲ東京市赤坂区青山南町七丁目百四拾七番地ニ置ク

第三、事業資金総額及其出資方法
事業資金総額ハ金参千四百萬圓トシ出資方法ハ株式會社トシ株金ノ次デヲ以テ充ツ

第四、線路ノ起点及其経過スベキ地名
本鉄道ハ東京府下荏原郡大井町ヲ起点トシ同郡平塚町、碑衾村、目黒町、駒澤村世田谷町、豊多摩郡和田堀内村、杉並町、中野町、野方町、落合町、並豊島郡長崎村、板橋町、西巣鴨町、巣鴨町、滝野川町、尾久町、三河島町、南綾瀬村、隅田町、寺島町、吾嬬町、小松川町、亀戸町、葛飾郡南綾瀬村、亀戸町、南足立郡千住町、大島町、砂町ヲ経テ東京市深川区西平井町ニ達スルモノトス

第五、軌間
軌間ハ三呎六吋ノ複線式トス

第六、動力
動力ハ電気ヲ動力トシ東京電燈株式會社ヨリ供給ヲ受クルモノトス
直流架空単線式ニテ電車線ノ電圧ハ壹千五百ヴォルトトス

第七、営業期間
営業期間ハ参拾年トス

大井町洲崎町間建設費概算書

延長弐拾六哩半　　東京山手急行電鉄株式会社

項目	数量	単價	金額	摘要
測量及監督費	ー	ー	180,000.ー	
用地費	140,000 坪	50.00	7,000,000.00	
土工費	ー	ー	6,505,000.00	
高架工事費	3 哩	2,000,000.00	6,000,000.00	
隧道費	21 鎖	40,000.00	840,000.00	
橋梁費	ー	ー	3,315,392.00	
地下鉄敷設費	ー	ー	200,000.00	
濾水費	17 哩	3,200.00	54,400.00	
下水工費	265	1,000.00	265,000.00	
軌道費	56 哩	26,000.00	1,818,000.00	三呎六吋複線式
停車場費	ー	ー	90,000.00	停留場ヲ含ム
車輌費	ー	ー	1,250,000.00	
器械工場費	ー	ー	15,000.00	
車庫及諸建物費	ー	ー	620,000.00	
通信線路費	26.5	600.00	15,900.00	
運搬費	ー	ー	52,400.00	
信号機費	26.5	5,000.00	132,500.00	
柵垣及境界造費	ー	ー	8,900.00	
総係費	ー	ー	240,000.00	
電力線路費	26.5	15,000.00	397,500.00	
変電所費	4,500	450.00	2,025,000.00	
土地建物雑費	ー	ー	1,500,000.00	
建設中ノ利息	ー	ー	1,000,000.00	
創立費	ー	ー	200,000.00	
予備費	ー	ー	1,079,508.00	
合計			34,000,000.00	

営業収支概算書

軌間……3'6"　　動力……電力
区間……大井町洲崎町間　延長弐拾六哩半　東京山手急行電鉄株式会社

	数量	金額	割合	摘要
旅客人哩	79,275,810			本表ニハケーブル哩数並ニ複線一哩本〆ニ算入
一年一哩當	2,991,540			
一日一哩當	8,196			
貨物噸哩	8,221,625			
一年一哩當	310,250			
一日一哩當	850			
旅客収入		2,378,274.30		一人壹哩ニ付参銭ノ割合トス
一年一哩當		89,746.20		
一日一哩當		245.88		
貨物収入		493,297.50		各級平均一噸哩六銭ノ割合トス
一年一哩當		18,615.00		
一日一哩當		51.00		
収入小計		2,871,571.80		
一日一哩當		296.00		
雑収入		153,300.00		夜間町鎖動力費其他ヲ加入其他
合上		1,274,700.00		
合計		4,299,571.80		
営業費		1,291,428.72		
益金額		3,008,143.08		建設費34,000,000.00ニ對シ 八分八厘四毛

大井町洲崎町間運輸数量表

東京山手急行電鉄株式会社

旅客

区間	哩数	人員	人哩	摘要
大井町洲崎町	26.5	2,991,540	79,275,810	各級人員ハ全線一年平均数トシ人哩ハ一ヶ年間ノ延数トス

貨物

種類	区間	哩数	噸数	噸哩	摘要
各級貨物	大井町洲崎町	26.5	22,525	8,221,625	各級貨物ハ全線平均数トシ噸哩ハ一ヶ年間ノ延数トス

経由地変更後の起業目論見書。
　　所蔵：東京都公文書館

起業目論見書

第一、目的
電気鉄道ヲ敷設シ旅客貨物ノ運輸並ニ土地建物日用品市場及遊園地ノ経営並ニ之ニ関聯スル業務ヲ営ムヲ目的トス
第二、鉄道ノ名称及ビ主タル事務所ノ設置地
東京山手急行電鉄株式会社（仮称東京電鉄トモ称シ）事務所ヲ東京市赤坂区青山南町六丁目百四拾七番地ニ置ク
第三、事業資金、総額及其出資方法
事業資金ハ総額ヲ金参千萬圓トシ出資ノ方法ハ株金ヲ以テス之ニ充ツ
第四、線路ノ起点及其経過スヘキ地名
本鉄道ハ東京府下荏原郡大井町ヲ起点トシ仝郡平塚町碑衾村
目黒町、駒澤村世田ヶ谷町、豊多摩郡和田堀内村、中野町、野方町、北豊嶋郡長崎村、板橋町、西巣鴨町、巣鴨町、滝野川町、尾久町、三河島町、南足立郡ノ千住町、南葛飾郡南綾瀬村隅田町、寺島町、吾嬬町、小松川町、亀戸町、大島町、砂町ヲ経テ東京市深川区東平井町ニ達スル
第五、軌間
軌間ハ客車用四呎八吋二分ノ一トシ貨車用三呎六吋トス複線式六条線路トス
第六、動力
動力ハ電気ヲ動力トシ火力発電ニ依ル電気鉄道方式ハ直流架空単線式（予算ノ都合ニヨリ「サードレール」式ヲ採用スル見込モ）トシ電車線ノ電圧ハ壱千ヴォルトトス
第七、営業期間
営業期間ハ参拾ヶ年トス

番地に置く。
第三、事業資金総額及びその出資方法
　総額は参千萬円とし、株式会社となし、株金をもってこれに充てる。
第四、線路の起点及びその経過すべき地名
　本鉄道は東京府下荏原郡大井町を起点とし、同郡の平塚村、碑衾村、目黒町、駒沢村、世田谷町、豊多摩郡の和田堀内村、中野町、野方村、落合町、北豊嶋郡の長崎村、板橋町、西巣鴨町、巣鴨町、滝野川町、尾久町、三河島町、南足立郡の千住町、南葛飾郡の隅田町寺島町、吾嬬町、小松川町、亀戸町、大島町、砂町、東京市深川区東平井町を経て同区平井町の洲崎に達するもの。総延長42.2km※　　　　　※後に42.5kmに訂正
第五、軌間
　客車用は四尺八寸半(1435mm)、貨車用は三尺六寸(1067mm)とし、複線式六条線路（3線式複線）也。
第六、動力
　電気を動力とし、火力発電に依る電気鉄道方式は直流架空単線式（予算の都合により「サードレール」式を採用する見込も）とし、電車線の電圧は壱千ボルト。
第七、営業期間
　参拾ヶ年とす。　　　　　　　　　　　以上

とあり、相当特徴的な内容であるが、ほぼ同時に添付された申請に関する上申書（解説書）は、さらにユニークな内容になっていた。その一部を紹介すると、本線の大部分を「塹壕式（ざんごう）」と称する平坦地を掘り割で進むオープンカット工法を採用。そのため放射状に接する鉄道各線とは「串刺し」状態、当然すべて立体交差となり、踏切番の経費不要、踏切停止により生ずる経済的損失の除去が謳われている。

また、掘削により生ずる土砂は、沿線に於ける池、沼、湿地を買収して埋め立て、その土地は経営により利益をもたらす、とあり、悪い点が見つからないのである。

駅の設備では、各停車場貨物の取り扱いを行い、本線の隅田川横断地点駅では、水陸連絡の設備を設け、荷をクレーンにて船から直ちに貨車へ積み込み、各駅へ配送する。また、塹壕式の各駅には旅客用大型エレベーターを設備し、夜間は貨物用にも使用する。

軌間は旅客用が標準ゲージの1435mm、貨物用が鉄道省と同じ1067mmで、これを合体させ各単線を3線式とし、複線区間では、実に6本のレールが並ぶものであった。

以上の様に、設備だけ見ても相当費用を要するもので、前回の申請と同様に鉄道省内の審議でも、採算面で免許に反対派と環状線鉄道の必要性を理解する賛成派に別れて、熾烈な戦いとなった。

そのため鉄道大臣井上匡四郎は両派の仲裁に入り、省議が重ねられた結果、1927（昭和2）年4月19日に東京山手急行電鉄に免許が交付された。

3．東京山手急行電鉄の苦難

免許は降りたものの、時あたかも昭和の金融恐慌の真っ只中、直ちに着工できる資金力に乏しかった。

そのため鬼怒川水力電気の社長で、小田原急行鉄道を一気に開通させた利光鶴松を社長に、京阪電鉄社長で、かつて渋沢栄一の薫陶を受けた太田光熙を監査役に、東京電燈社長の若尾璋八を発起人に迎えた。ここで計画そのものをいぶかしがっていた世間の目を一気に晴らすことになった。

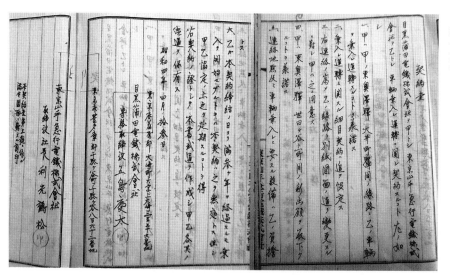

目黒蒲田電鉄との契約書。接続する大井町線との乗入れが予定されていた。文中にある東奥沢は、大岡山〜奥沢間の中間付近と考えられる。
所蔵：国立公文書館

　利光鶴松自身はせっかく開通させた小田原急行も乗客が思うように伸びず苦慮していたが、環状部の建設や洲崎から市中心部へ向かう地下鉄計画の推進役として、山手急行としては欠くべからざる人材であった。

　ここで、株式公募を前にして計画の経由地を変更した。起点の大井町は変わらず、馬込、池上、玉川、碑衾、駒沢、世田谷、世田谷、松沢、和田堀、杉並、中野、野方、中新井、練馬、上板橋、板橋、西巣鴨、巣鴨、滝野川（以遠原申請通り）、洲崎の総延長50.6kmに修正申請して認可された。東京西南地域を少し膨らますようなコースで、一部既に密集化した地域をかわしたものと考えられるが、大井町から平行する目黒蒲

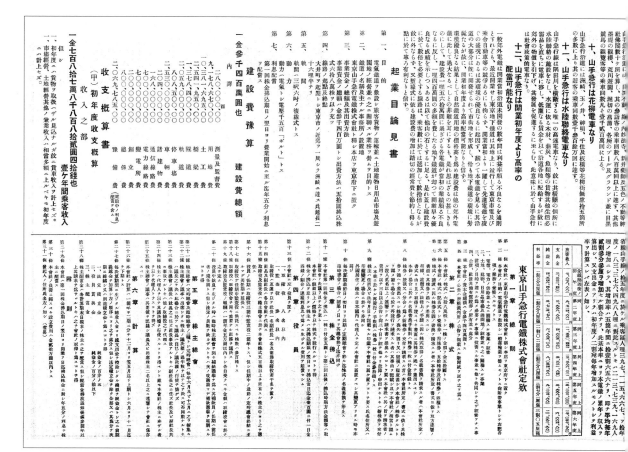

株式募集案内の東京山手急行電鉄趣意書。特色の一〜十二には串刺電車、宝蔵電車、遊覧電車、花柳電車など聞き慣れない言葉を連発している。

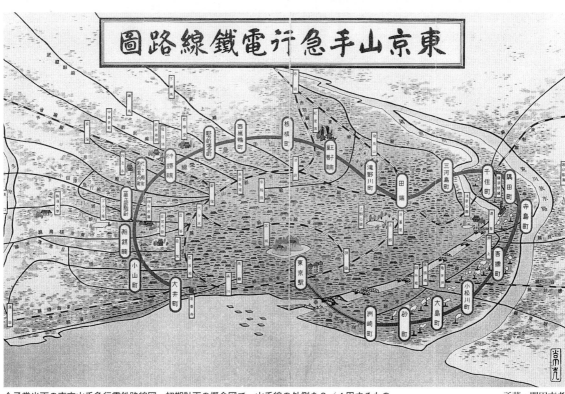

金子常光画の東京山手急行電鉄路線図。初期計画の概念図で、山手線の外側を3／4周するもの。

所蔵：関田克孝

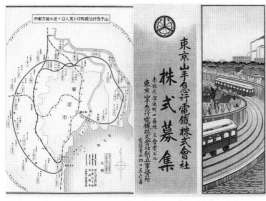

東京山手急行電鉄株式募集案内。表紙には「塹壕式」が常光のタッチで描かれている。
所蔵：関田克孝

田電鉄の二子線（現・大井町線）との競合を避け、未開の馬込地区を迂回しながら縦断、東奥沢※1で目蒲側と接続を話し合っていた。また、この頃東京西北地域も含めて、用地の取得が容易でない事態になっていた。

1928（昭和3）年7月、最初の株式公募を開始すると、申し込み総数は公募定数を大幅に上回る盛況を示した。おそらく「第二山手線」や「山手急行」の名称が相当効果的であったと伝えられている。

同年9月24日、創立総会を開き、前記以下の役員を選出、資本金を3400万円とし、本社を新宿の小田原急行鉄道の本社内に置いて、第一歩を踏み出した。

しかし、好調だった株式募集も、翌年ごろからの深刻な不況風に直面することになった。さらに必要な資金調達のメドが立たないまま、着工準備に至らず、計画は暗礁に乗り上げていた。

4．渋谷急行電気鉄道の計画

東京山手急行電鉄の計画と同時代、ブームの私鉄計画の中に、京三製作所創業者の小早川常雄が発起した渋谷〜東村山間の東京郊外電気鉄道があった。渋谷を起点に準放射状の線形をとり、当時東京のオアシスとして脚光浴び始めた武蔵野地域の東村山を目指したもので、他線を串刺しにしている点も優れていたが、既成鉄道との競合を理由に1927（昭和2）年4月19日、却下されてしまった。

すでに開通をみている（旧）西武鉄道村山線（現・西武鉄道新宿線）の支線計画である田無〜武蔵野村（吉祥寺）間や西武軌道の特許線の一部である井荻〜荻窪間の未成区間などが競合区間と考えられた。

鉄道省からの助言が入ったと考えられるが、直ちに区間を競合とは無関係の渋谷〜吉祥寺間に短縮して、社名も城西電気鉄道に改め、免許を再出願した。却下の翌日である同年4月20日の事であった。

翌1928（昭和3）年1月30日に免許は交付され、創立事務所を日本興業銀行日本橋支店内に置き、同年1月16日に工事施工認可の申請をした。

同年2月9日、社名もズバリの渋谷急行電気鉄道に

1928年に社名を渋谷急行電気鉄道に改めた直後の路線図。まだ駅名や駅の位置が確定していない。東村山への延伸計画は依然として持っていた。

改め、事務所を同銀行本店内移した。

　同年7月28日の創立総会では、資本金400万円、菅澤重雄が社長に就任した。しかし、ここにも経済不況の風が吹き始め、翌年にかけての緊縮政策が渋谷急行の資金調達に深刻な打撃を与えるに至った。

　そこで急遽、現状株式の過半数を鬼怒川水力電気に譲渡して、同社の経営管理を一任することになった。

　1929（昭和4）年7月15日、渋谷急行電気鉄道の株主総会では、利光鶴松が社長に就任した。

　この様にして、渋谷急行電気鉄道と東京山手急行電鉄は、鬼怒川水力電気を介して、同一資本系列に属することになった。間もなく両社は合併することになり、規模の大きい東京山手急行電鉄を存続会社とし、小さい渋谷急行は消滅会社となった。

　1930（昭和5）年11月26日、社名も新に東京郊外鉄道と改称、翌1931（昭和6）年2月1日、正式に合併した。路線の性格が異なる両社の合併であったが、共通項とも言うべき「東京郊外」を新社名に冠したのである。

　この時、資本金3800万円、社長以下役員は留任となった。

5. 東京郊外鉄道（渋谷〜吉祥寺間）の着工

　新会社では、路線が長く、市街化が徐々に進み建設資金の目途が立っていない山手急行線より、比較的距離が短く、半分は近郊農村の渋谷急行線を先行して着工することになった。

　1930（昭和5）年12月24日、工事施工認可が下り、直ちに用地買収区間から工事に着手した。

　全線を二工区に分け、渋谷〜池ノ上間を第一工区、池ノ上〜吉祥寺間を第二工区に分けた。その第一工区は難工事を極めた。台地に囲まれた谷底に設ける高架線の渋谷駅は、計画書では2面4線を予定し、玉電寄りの1・2番線を渋急本線（原文ママ）、3・4番線を山手急行線への直通が使用する計画と記されていたが、幅員方向の用地取得が、困難を極めた。

　ここから当初は、掘割（塹壕式）で台地を進む予定にしていたが、ここも相当な幅員を要する事や台地の道玄坂上、円山町付近は既に人家も多く、反対運動も発生、特に商業地、三業地としても栄えているため、とうてい開削工法は無理であった。

　そのため渋谷隧道区間349mは、地表の地主から地下権を買って、土被りの非常に浅い（2〜3m）馬蹄型単線隧道の並列方式を採用した。

　続く神泉隧道区間267mは、複線函型ラーメン構造で、緑地の多い住宅地を開削工法によって施工した。隧道を抜けて工区境の池ノ上までは、ほぼ平坦の直線で進むが、東京帝国大学の農学部敷地、予定地を横断するため、その払い下げを受ける交渉では、相当の時間を要した。

下北沢付近の工事風景。橋台完成後だが、まだ築堤盛土前。
1933.2.6　P：荻原二郎

下北沢付近の工事風景。盛土の工事中で、トロッコの姿が見える。
1933.6.9　P：荻原二郎

所蔵：関田克孝

▲（左）下北沢駅、小田急跨線橋の工事風景。帝都線の左右橋台が完成しているが、中央橋脚は未設置。
1932.12.31　P：荻原二郎

▲（右）下北沢駅、小田急跨線橋の工事風景。完成した中央橋脚と桁。
1933.2.28　P：荻原二郎

◀下北沢駅、小田急跨線橋の工事風景。帝都線の中央橋脚と桁が設置されている。
1933.2.6　P：荻原二郎

　第二工区は、大部分が武蔵野台地の緑野を一直線に吉祥寺まで突き進むわけで、池ノ上－下北沢間の大築堤、代田二丁目－東松原北方付近の掘り下げは相当の難工事であったが、カットと盛土を埋め合わせながら、巧みに併進させる工事であった。付近の用地取得は、下北沢付近と西松原（後の明大前）付近を除けば、農地も多いために比較的平易であった。しかし、西松原付近では、当渋谷急行線と未着工の山手急行線が平行して京王電気軌道線と交差するため、この用地買収と工事協約の遅れが、全線の開通を遅らせる原因にもなったと言われている。また、甲州街道と玉川上水の下を複々線で交差する工事も、東京の私鉄ではまれに見る大規模工事であった。

　その先、永福町付近から浜田山北方付近までは平坦で進み、高井戸付近の築堤と久我山付近のカット、井ノ頭公園－吉祥寺付近の大築堤も記録的な工事であった。

　また、吉祥寺終点付近も用地取得では、相当の時間を費やした。当初案では、鉄道省中央線に対し、急カーブを描いて同線に平行のターミナルが計画された。高さ的にも、地平より一段高い同線のレベルに合わせていた。

　しかし、地平に近いままでは、駅裏とは言えすでに繁華な街並みがあり、文化度の高い住宅街にも近接しているため、町を分断する電車に対し、激しい反対運動を誘発した。しかも、水道道路（地下に大口径の水道本管を埋設）とは立体交差が必要になったため、井ノ頭公園－吉祥寺付近間を盛土と高架とし、吉祥寺構内は中央線と地平での平行を止め、斜めT形に接する高架構造とした。

　将来、地平の中央線と立体交差して、一旦は却下された東村山方面へ延伸の再出願も考慮したと考えられるが、当時も開発の進んでいた北側への進出は、容易ではないと考えられていた。

6．資材輸送、新車搬入用仮線の敷設

　1932（昭和7）年末頃より路盤工事の完成した区間には軌道の敷設が始まった。また、中央線の吉祥寺駅貨物側線から、井ノ頭公園駅手前までの600m程の区間には、一時的な専用線が敷設された。築堤区間の法面下部に沿うもので、水道道路付近は路面を大きくカーブして、貨物側線の南端に接続していた。その側線

松沢停車場（後の明大前）設計平面図。帝都線と山手急行線とは緩やかな平面交差構造であった。　　　　　　　所蔵：東京都公文書館

の三鷹寄りは短い安全側線になっていた。そこには、機関車が常時待機していて、簡単な石炭置場と給水の設備が設けられていた。

　常駐機関車は小田原急行の703号機で、吉祥寺駅の貨物側線に到着する工事用資材運搬の貨車（軌条運搬の省長物車や砂利・土砂運搬の省・小田原急行の無蓋車）の授受や、最初期開業用の新造車（モハ100形）を新線内に送り込み、最寄りの現場まで牽引していた。

　井ノ頭公園－吉祥寺間開通の少し前、仮線は撤去され、帝都線は省線と分断、事実上地平時代に計画されていた貨物営業は、断念したと考えられる。

　なお、この703号機は、小田原急行鉄道が建設用に鉄道省より購入した3輛の内の1輛で、元をただせば1号機関車と同じバルカンファンドリー製の400系機関車、山陽鉄道1形6号機と言われている。国有化後は700形となり、1926（大正15）年、僚機704号機と共に小田原急行へ払い下げられた。同社では車籍は無く、同線完成後は砂利採集線や省線接続駅の貨車授受に使用されていた。

7. 社名変更、帝都電鉄の発足

　工事途上の1932（昭和7）年10月1日、それまで郡

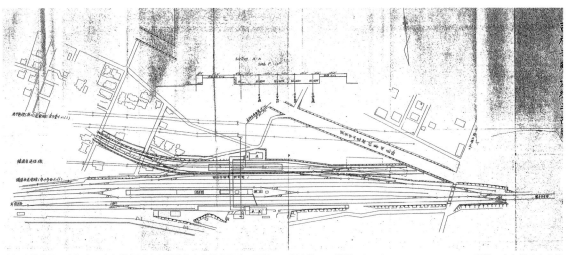

吉祥寺停車場の当初案。帝都線（図上）を鉄道省中央線（図下）に平行して駅を設ける構想であった。　　　　　所蔵：東京都公文書館

部(いわゆる郊外)であった沿線の渋谷、目黒、世田谷、杉並が新たに区として東京市に編入される「大東京市政」が施行された。

東京郊外鉄道の全線12.8kmの9割が市域に編入されたわけで、沿線は最早、郊外では無く「帝都だ!」の掛け声のもと、1933(昭和8)年1月19日に召集された臨時株主総会では、社名を「帝都電鉄」に改称することが決定し、同日付で発足した。

しかし、工事中の沿線は、帝都とは言え、相変わらずの郊外そのもので、13kmにも満たない沿線では、開業に向けての付帯事業(副業)の計画も、資金的に進められず、建設費は膨らむばかりであった。

一方進展の無かった山手急行線は前年の1932(昭和7)年6月1日、全線のうち大井町～駒込間に工事施工認可が降りた。用地の取得関係さえ整えばいつでも着工できる状態になっていて、同年11月28日に着工した。しかし、社内的には帝都線区間の完成が最優先

小田原急行の建設用に使用された703号蒸気機関車。この機関車は帝都線建設でも再び活躍した。　1928年　新宿　P:高田隆雄

ということで、両線が接続する西松原(=明大前)付近の用地買収と土木工事の一部が着工されただけで、全体的な用地買収は遅々として進まなかった。

その間にも山手急行沿線の市街地化は膨らむ一方で、次第にその実現が危ぶまれるに至った。

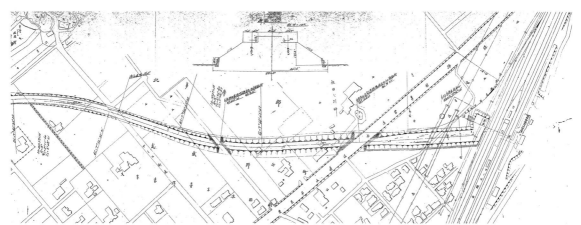

吉祥寺停車場設計平面図。本線路敷設前のもので、右手よりカーブしながら地平を工事用の仮線が築堤の麓を進む。現在の水門通り踏切付近で本線に合流していた。
所蔵:東京都公文書館

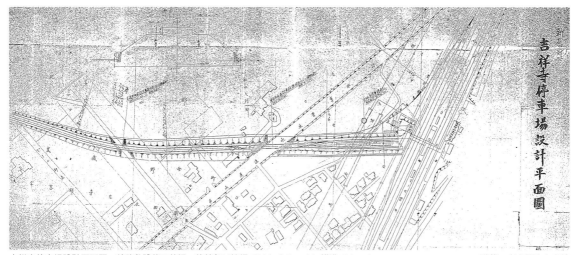

吉祥寺停車場設計平面図。線路敷設後の状況。終端部は築堤ではなくラーメン構造であった。
所蔵:東京都公文書館

■帝都線全線平面図（昭和10年代）

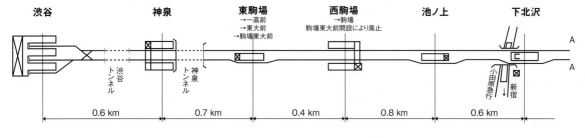

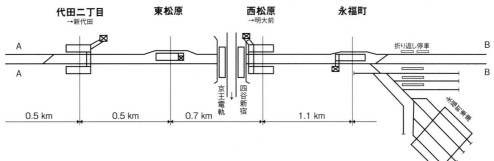

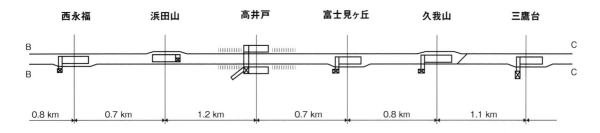

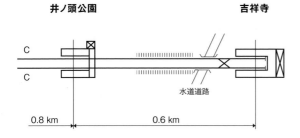

帝都電鉄社章。
『鐵道趣味』第1巻第5号
（1933年）より

■山手急行線と接続する松沢駅計画図（昭和6年）　　■昭和8年井ノ頭公園（仮）開通当時の平面図

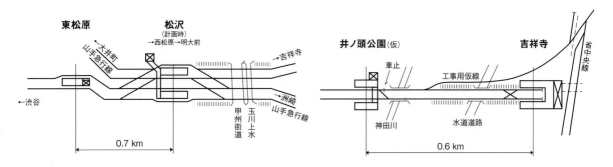

(井の頭恩賜公園)
帝都電鐵井の頭驛

昭和10年頃の井ノ頭公園駅風景。　絵葉書所蔵：宮田憲誠

明大前駅付近を進行する永福町行モハ106。線路直線区間の奥右手が山手急行線分岐部。左手の台地は帝都線建設用土砂の採取場。
1936.8 東松原－明大前 P：西尾克三郎

Ⅱ. 帝都電鉄の開業

1. 帝都線の竣功

　1933（昭和8）年に入ると、終点の吉祥寺付近を除いて、土工工事（路盤）、構築物の8割は出来上がり、全工区に渡り線路の敷設が開始された。

　使用する軌条は、当初37kg/m（新品）を予定していたが、資金不足に陥り、急遽工事申請を変更して鉄道省払い下げの30kg/m（中古）軌条をかき集めての敷設となった。電車の試運転が始まる頃でもレールだけは粗末なもので、緩いカーブ区間では、短尺の直レールをつないで無理やり線形に合わせる手法が随所に見られたと言う。

　同年8月1日、渋谷～井ノ頭公園間が先行して完成、同日付けで開業した。

　この時、井ノ頭公園は期限付きの仮停留場に変更、計画に無かった渡り線を渋谷寄り設置して、暫定的に電車は折り返していた。

　井ノ頭公園－吉祥寺間の開業の遅れは、同区間の搬入用仮線（盛土区間の法面に重複）による土工工事の遅れ、吉祥寺駅構内中央線連絡設備の遅れが原因であるが、当時の地元、北多摩郡武蔵野町の吉祥寺駅南部地主借地権者の組合による激しい反対運動も遠因していた。特に、直接線路にかからない近隣の人達の自然環境に対する意識は相当高く、その要望書の文面を見ると、戦前期にあっても、現代の住民意識、自治

帝都電鉄停車場表。竣功近くでも駅名が再三変更されている。
所蔵：東京都公文書館

意識にも、相通ずるものであった。

　1934（昭和9）年4月1日、同区間の開通をみて、営業距離12.8km全線が竣功した。城西電気鉄道の申請から6年、悲願の達成であった。

　開通時、「武蔵野を走るスマートな新式電車」と新聞でも話題になったが、沿線は帝都を名乗っても、相変わらず雑木林の点在する郊外そのものだった。まだ人口も少なく、単行の電車で十分なのである。

　世の中、震災復興を経て、郊外での新生活に憧れる中堅サラリーマンが増加して、移住も進み、開通1年後の渋谷〜西松原（＝明大前）間の乗客は着実な伸びを示した。

　また、沿線きっての観光地である井ノ頭公園への行楽客は、日曜、休日を中心に、当初より臨時電車を運転するほどの盛況であった。シーズンには、平日であっても学童用の遠足貸切電車も頻繁に運転されて、いつしか玉川の河原と共に、東京市中に於ける小学校遠足行事の定番コースになっていた。

2．順調な帝都線と東京山手急行線の挫折

　渋谷から直接東京の西郊へ向かう唯一の足として、順調な滑り出しを示した帝都電鉄は、当時のマスコミ報道である新聞、グラフ誌、総合雑誌に、沿線は市民のオアシスとして取り上げられ、人々の郊外志向を否が応でも、煽るものとなった。当時最大の娯楽である映画にも帝都線は、何本か登場している。

　数少ない現存フイルムの中で1935（昭和10）年東宝PCL制作の劇映画「ラジオの女王」では、舞台の下北沢−代田二丁目間を100形単行が丘を下って来る場面が登場する。主演は、千葉早智子、岸井　明、藤原鎌

明大前−永福町間に残る山手急行線（左2線分）建設の遺構。
2019.1.20　P：関田克孝

足で、帝都線沿線を舞台にした、昭和戦前期のハイカラな小市民生活が描かれている。

　営業績としては、1日平均輸送人員が1万6600人、決して満足なものでは無かったが、帝都線だけの建設費から見れば順調と言えるものであった。

　一方、将来の本線になるはずの東京山手急行の免許線は、工事認可の後、西松原付近はすぐ着工をした。玉川上水と甲州街道、京王電気軌道線と交差するための用地買収は完了し、一部の構築物工事も竣工を見たが、ここ以外の予定地は全く停滞したままの状態が続いた。

　特に、震災後急激に市街化が進んで、人口増加で過密状態にある駒込〜洲崎間では、1930（昭和5）年頃より、沿線にあたる各町より、要望や申し出が相次いで寄せられた。それらは絶対反対ではなく、ほとんどが経費のかかる高架式を望み、いわゆる「塹壕式」に疑問を呈するものが多かった。

反對決議書

今回東京郊外鐵道株式會社御經營に係る鐵道線路當住宅地を貫通する計畫を聞知す吾等當地内土地所有者及び借地權者は玆に一致團結連判の上斷然是れに反對決議す

左に掲ぐる理由に基き

第一　吾等は忝くも御恩賜の蒼欝深き井之頭公園に近接して住宅地を有し常にその幽邃清閑なる大自然美の恩惠裡に平和なる家庭を營みつゝあり是れ偏に皇恩の深きによるものにして感激に至ては塡るざる所なり吾等近接地住民は該公園制限地域をして永く靜淨ならしめん事を期して止まず然るに突如として今回の計畫を聞き驚愕置く能はず若しさたび該鐵路にして當住宅地を貫通せんか吾等の所期は根底より覆さるゝに至るべし是れ反對の第一理由なり

第二　現今省線電車踏切の不備なるに於て既に學童等の通學に計からざる危險を感じつゝあり然るに鐵路が當住宅地を貫通の曉に於ける數條の踏切の兒童等に及ぼす危險は吾等の心意をして全く不安に陥らしむるものなり尚又かゝる淨域を萬一にも慘事を以て穢すが如き事は吾等の到底忍ぶ能はざる所なり是れ反對の第二理由なり

第三　如上の理由等を要約して考ふるも吾等住宅地内は斯く清淨地域なるが故に如何なる點よりするも鐵路を敷設するの案は全く不當なりと思惟せらる依て貴會社は吾等の熱誠溢るゝ反對の眞意を汲まれ篤と御熟考なされん事を切望して止まず歸結なり

昭和六年六月吉日

中央線吉祥寺驛南部
代表委員

東京市郊外鐵道株式會社
社長　利光鶴松殿

東京市郊外鉄道（渋谷急行線）に対する反対決議書（代表委員氏名は削除）。　　　　所蔵：東京都公文書館

また停車場の設置に関することも多く、設置個所や位置の指定、ただ町内を通過するだけには協力出来ないなど、ユニークな発想の計画も、次第に色あせるものとなった。

　50kmにも及ぶ長い沿線、ルート選定に対し、地元との協議を真剣にしたのか、と疑問を呈さざる得ない要望書の内容ばかりであった。

　順調とは言え帝都電鉄の経営は、山手急行の事業費が欠損となり、株主への配当も滞った。

　1933（昭和8）年11月、止む得ず資本金3800万円の一部を剰余金（利益金）に充てる減資[※2]と言う方法をとった。この時、資本金を1600万円まで減じて、株主の配当と会社運営資金に充当した。翌年4月には再度の減資を行い、資本金1280万円まで減らしている。最早、後も先もない状態に立ち至った。

　帝都線が開通して間もない1936（昭和11）年1月22日、ついに駒込～洲崎間の免許は失効して、環状計画のキーになる区間を失うことになった。

　残る駒込以西については、各々の都市計画道路や放射鉄道との交差方法の協議が続けられていたが、本来のアイデアだった塹壕方式から、次第に高架鉄道方式へと変化していった。一例として、接続予定の小田原急行の梅ヶ丘駅は、山手急行線が島式の高架で交差する設計になっていて、「塹壕式」が検討された形跡は無かった。小田原急行側の新設駅である梅ヶ丘駅も、乗り換え設備合理化のため、数少ない島式を採用、下北沢駅と共通設計とした。

　しかしながら、建設資金の不足による、再三再四の施工認可期限の延期願い申請も、限界に近づきつつあった。会社もせっかく開通した帝都線で手一杯であり、ついに万策尽きて1940（昭和15）年3月に大井町～駒込間鉄道起業認可取り下げを申請、同年4月22日に起業廃止許可が下りた。

山手急行線建設問題に関する自治体の回答の例（寺島町）。「築堤式は絶対に許可せざること」という強い文言が見える。
所蔵：東京都公文書館

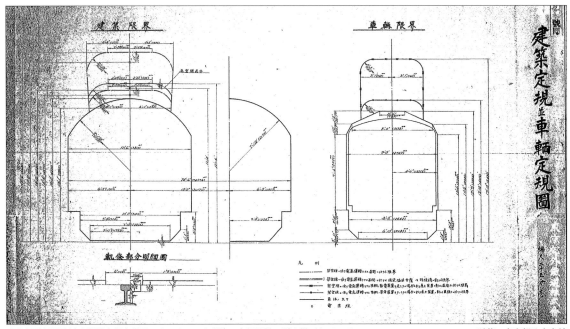

東京郊外鉄道建築定規並車輌定規図。ゆったりした規格は帝都電鉄に引き継がれている。
所蔵：東京都公文書館

結果的に、話題を集めた東京山手急行の大看板や資金集めも、帝都線建設に費やされたようである。

夢の詰まった環状鉄道計画は、急速な都市化の波にもまれ、やがて埋没してしまったのである。

3．帝都線の線路概要

帝都線開通当時の工事資料書から基本的な規格や設備概要を抜き書きすると表の様になる。

ここで判ることは、わずか全線13kmに満たない路線にしては、施工幅員、軌道中心間隔とも広く取られていることに気づく。これは何事も気宇壮大だった山手急行線の規格が大きかったのか、あるいは比較的規格の大きかった小田原急行に沿ったものか判然としないが、その後の井の頭線車輌の大型化や土木工事に大いに役立ったと想像される。

また、近年まで存在した架空線支持の鉄柱は、細めのアングルを加工して組み立てたもので、稀に見る美しい形状であったが、昭和50年代に大半が姿を消して、残念ながら複線標準の原型は現存していない。なお、小田原急行が開通時から現在も使用している鉄柱とは異なる形状であった。

4．帝都線開業当時の各駅と情景

現在、帝都線開通当時の情景を伝えるものは少ないが、東京都公文書館に残る各駅の平面図やその時代に立ち会った人々（多くは物故された）からお聞きした事から、記録と記憶を観察する。

■渋谷

道玄坂の飲食街と玉川電気鉄道の間に割り込む形で、ラーメン構造物と石垣盛土上に、3面3線、Y字

■帝都線開通当時の規格・設備概要

営業キロ程	12.8km
動力	電気　1500ボルト
軌間	1067mm
線路	複線
施工基面幅	7,925m
軌道中心間隔	3,658m
建築定規及び車輌定規	別図
最小曲線半径	200m
最急勾配	1000分の25
軌条	30kg/m　第1種及び第3種
転轍機	30kg/m　第3種 本線8番 側線6番
橋梁	30箇所　溝橋16箇所
隧道	2箇所　延長616.096m
保安方式	自動閉塞式燈3位式
変電所	1箇所
支持物	鉄柱45m間隔

形重量鉄骨屋根は直方向に2連半、最初の1輌がすっぽり収まる程度の長さだった。省線広場からも見える縁どりの大きなネオンサインには「井之頭公園ゆき帝都電車」と掲げ、小さいながらもターミナルの雰囲気を出していた。

開通2年後、玉電に沿って省線連絡橋が完成、その後玉電ビルと連絡する地下道も着工されているが、これは戦時中に中断している。

■神泉

渋谷隧道と神泉隧道の谷間の相対式ホームの駅。渋谷寄りに構内踏切と下り線側に小さい駅舎があった。隧道の関係で2輌分のホームは戦後まで続いていた。

■東駒場（→一高前→東大前→駒場東大前に統合）

狭い島式ホームの渋谷寄りに、ホーム幅で出改札口の小駅舎は帝都線独特のもの。

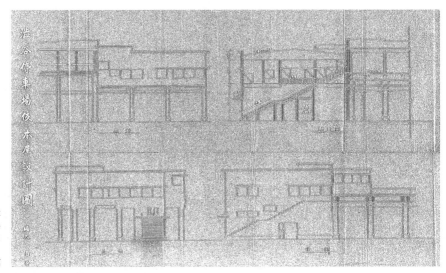

渋谷停車場仮本屋設計図。本格的ターミナルを予定していたが、仮建屋で開業した。この建屋は戦災で焼失している。
　　所蔵：東京都公文書館

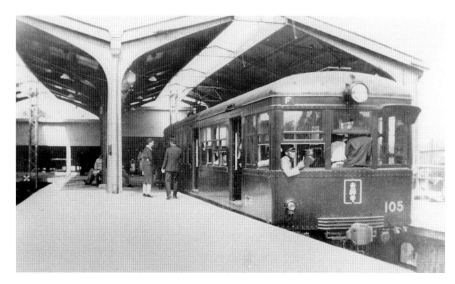

▲帝都線渋谷駅のスタンプ。中央に帝都電鉄の社章があしらわれている。
提供：宮田道一

◀全通当時の渋谷駅に停車する吉祥寺行モハ105。運転士と談笑するのは女性車掌。
提供：滝川精一

■西駒場（→駒場→駒場東大前に統合）
　統合まで相対式ホーム、吉祥寺寄リ構内踏切と上り線沿いに駅舎と小広場があった。周辺は左手に農学部の水田、右手に帝大航研の予定地と大邸宅が並び一般住宅は少なかった。

■池ノ上
　島式ホームで、吉祥寺寄リに独特のホーム幅いっぱいの出改札口の小駅舎があった。次の下北沢駅までは小田原急行線を越えるために大築堤が造られた。

■下北沢
　ここまで続いた相対式と島式の交互の関係がくずれて、島式ホームの小田原急行線と乗換駅、渋谷寄リに乗り換え口と同社と共同の駅舎があって、両社間には系列会社のためか、中途の改札は昔も無かった。

下北沢で小田原急行線を乗り越すモハ100形の下り電車。背後に斜めの連絡跨線橋が見える。
1935.1.1　下北沢　P：荻原二郎

■代田二丁目（→新代田）

　駅は緩いV字谷にあって、カーブを描いていた。相対式で、吉祥寺寄りに構内踏切、下り線側に谷の上に向かう階段とその先に駅舎があった。戦前期、渡り線を設けて、朝夕に渋谷へ向け、折り返し運転が実施された。昭和20年代には渋谷寄りの渡り線と近接して、小田原線との連絡線が存在した。

■東松原

　当初の駅名は羽根木で計画されたが、松原町内の東に位置していたため東松原となった。計画では、進行左手の台地を削って車庫を計画したが、将来の拡張用地に不自由が見込まれて断念した。さらに進むと、突然線路用地が広がる、ここは左後方から、大井町よりの山手急行線が合流する区間で、いつでも着工できるように、電柱はここだけ木製柱を使用していた。

■西松原（→明大前）

　300m西方にあった京王電気軌道の松原駅と合同して西松原駅となった。山手急行線の「塹壕式」を連想するV字谷の地形で、相対式ホームとその法面部分に外側線路を敷けば帝都、山手急行の接続駅が出来る予定だった。渋谷側に構内踏切と駅舎がある地上へ昇る階段（木造）が設置されていた。

　吉祥寺寄りの進行右手300mの位置に、甲州街道と玉川上水をくぐる帝都、山手急行の複々線の構造物があり、その遺構は現在でも車窓より見ることが出来

代田二丁目駅に停車するモハ102＋モハ101。
　　　　　　　　　1935.6.9　代田二丁目　P：荻原二郎

る。1935（昭和10）年2月8日、明大前に改称している。

■永福町

　島式ホームで、渋谷寄りに構内踏切と上り線に沿った駅舎があった。進行右手には唯一の車庫があって、飛行機の格納庫にも見えるビリケン型屋根の工場ピットが平行する。この形態の工場建屋は、戦前に流行して、現在も富士急行で見られる。

■西永福

　永福町から平坦な直線の農村風景と進行右手奥には美しい松原が続く。ここも島式ホームで、渋谷寄りに構内踏切、下り線に沿って小広場付きの駅舎があった。直営の小規模な分譲も行った。

■浜田山

　緩い左カーブの島式ホーム駅。吉祥寺寄りにホーム幅の改札、小駅舎があって、構内踏切と遮断機で仕切られていた。平坦地のため、各企業が将来を見据えた広大な社有地を獲得した。昭和10年代早々に、グランドで催される行事のため、3輌編成で組成された浜田山行き方向板の臨時電車が運転された。

■高井戸

　浜田山を過ぎて見渡す限りの緑の野原を快速度で進む。都市計画道路の計画に

昭和13年6月、梅雨による洪水被害を伝える東京日日新聞の「写真特報」に掲載された帝都電鉄明大前駅。掘割構造の駅ホームに降りる階段も崩れてしまっている。記事は洪水の被害を伝えるものながら「皇軍の勞苦を思へ」で結ばれていることが時局を感じさせる。
　　　　　昭和13年7月1日発行「写真特報東京日日」（東京日日新聞社）より　所蔵：関田克孝

武蔵野台地の雑木林、神田川の流れが美しい三鷹台駅に到着する渋谷行モハ102。戦後までこの駅は島式だった。
1933年　三鷹台　P：宮松金次郎

そって、高く盛土をした築堤に駅は造られた。渋谷寄りに構内踏切、上り線沿いに小さい駅舎と地平への階段があった。とにかく眺めの良い駅で、昭和20〜30年代の日本映画の舞台に数多く登場している。

■富士見ヶ丘

　進行左手に、蛇行しながら神田川の清流が近づき、右手には富士山の眺望できた松林の丘が続く。線路は丘を割って富士見ヶ丘駅に到着。島式で渋谷寄りに構内踏切、上り線沿いに駅舎があった。進行左手、後に車庫になる辺りは、神田川に沿った湿地と雑木林だった。

■久我山

　けやき、クヌギなど武蔵野を象徴する大木が繁る風景の久我山駅。島式で渋谷寄りに構内踏切と上り線に沿った駅舎があった。1936(昭和11)年2月28日、停留場を停車場に変更し、吉祥寺寄りの構内には計画中の折り返し運転用の渡り線が設置された。

■三鷹台

　駅直前で神田川を渡ると島式の三鷹台駅(現在の駅の北側、踏切の吉祥寺寄りにあった)。渋谷寄りに構内踏切、上り線に沿って駅舎があった。ホームからの神田川、瀟洒な女学校、松林の風景は、絶景であった。

建設工事中の高井戸付近。築堤の中央部分が駅ホームの位置。
1933.6.23　高井戸
P：荻原二郎

吉祥寺駅に停車するモハ102。
1939.4.29　吉祥寺
提供：滝川精一

■井ノ頭公園

　緑の中の相対式ホームは、一時期、仮の終点駅であった。吉祥寺寄りに構内踏切と下り線沿いに大きい広場のある駅舎があった。駅を発車すると、すぐ神田川の橋梁を渡り、築堤区間を進む。この築堤完成前、進行左手の地平部に帝都線建設のための省線連絡用の仮線が敷設されていた。

■吉祥寺

　築堤が終わって、水道道路のガーダ橋を越えるとコンクリートのラーメン構造上の終点吉祥寺に到着する。2面2線の終端構造で、かつて東京郊外鉄道の計画当初は、中央線を越えて行く高さが確保されていた。

5．開業期の旅客誘致対策と輸送

　渋谷〜井ノ頭公園間が開通した当時、沿線の7割は未開の農村地帯であり、帝都電鉄としては、新線開通に合わせた大規模な開発は出来なかった。

　しかし、用地買収に際して、鉄道関連用地として少量の余分な土地を取得していた。一部は地主に依頼されて鉄道用地と一緒に買収したものや、別の土地を取得するための等価交換用に買収したものなどがあった。これらは、開通後に鉄道用から外れたものを、宅地用として分譲した。

　結果的に帝都電鉄の分譲は、駅や線路に近いもので、いずれも小規模なものであったが、一般的な土地会社、金融会社による中規模程度の開発や、当時流行

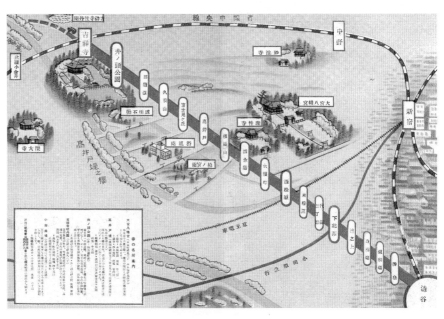

帝都線の沿線案内。
　　所蔵：宮田憲誠

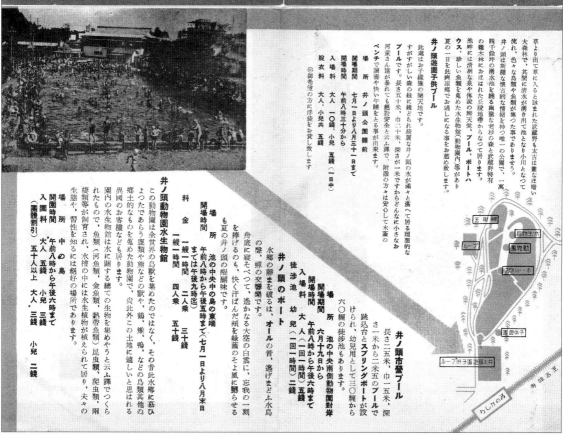

井ノ頭公園への旅客誘致のための帝都電鉄パンフレット。

所蔵：関田克孝

した住宅会社の割賦販売も行われていた。

　結局、折からの不景気も手伝って、沿線人口の増加は、漸増して行くのを待つものとなった。

　もう一方の旅客誘致策として、井ノ頭公園、大宮公園への行楽客輸送があった。元々東京市民の水源地歩きは、信仰に近いものがあって、渋谷から水道道路（井ノ頭通り）〜善福寺川〜大宮八幡宮〜神田川〜井ノ頭池の行程は人気が高く、そこへ電車が開通したわけで、コースの選択が多様なものとなった。しかも最初の開通が、はからずも井ノ頭公園行とあって、「井之頭公園は帝都電車で」のキャッチフレーズ通りの概念を、人々に浸透させる効果を発揮した。

　また、開通と同時に、井ノ頭公園の駅前広場に面して、無料の和風休憩所を開設した。数少ない電鉄直営の施設で、ハイキングやプール利用者で、休日は相当の賑わいであったと言う。

　これらの誘致策も、なかなか急速な乗客増には結び付かず、必ずしも順調な滑り出しとは言えなかったものの、旅客収入は全通の1934（昭和9）年から1937（昭和12）年までの3年間で、2倍近くまで増加していた。

　また、計画時から存在し、旅客と平行して免許を得た貨物運輸の営業は、関連施設の設置目途が立たず、1934（昭和9）年5月28日、渋谷〜吉祥寺間貨物運輸起業廃止申請の許可が下りた。

「涼しい井ノ頭へ、大宮八幡へ」の大きな看板が目を引く渋谷駅駅頭風景。　　　　　　　　　　1934年　渋谷　P：杵屋栄二

6．帝都線開業期の運転状況

　1933（昭和8）年4月1日の渋谷〜井ノ頭公園間開通時の時刻表（鉄道省編纂・日本旅行協会発行）によれば、直行が20分間隔、渋谷〜永福町間の区間運転が20分間隔で、渋谷の発車が10分間隔交互発車であった。基本この2系統が基本で、朝夕は間隔を詰めていたと考えられる。

　翌年の全通時もこの基本に沿って運転され、全線の所要時分30分で、直行電車が4運行、永福町までの区間電車が2運行。全車輌が9輌のため、6輌が稼働、3輌が増発用の予備車になっていて、いずれも単行運転であった。

井ノ頭公園行モハ103。片隅運転台横の展望席は子どもたちの天下だった。　　　　　　　　　　　　　　　　　1933.8　P：宮松金次郎

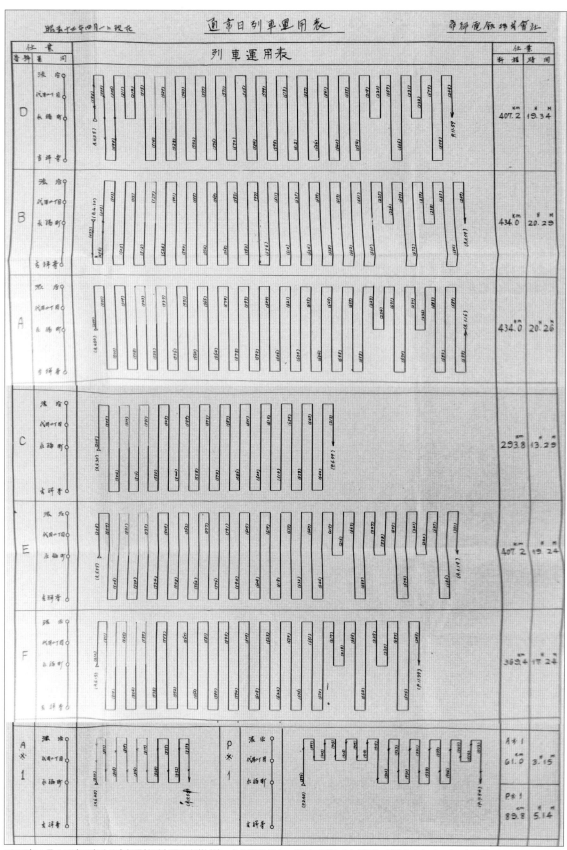

1938年4月1日改正当時の帝都電鉄列車運用表（抜粋）。永福町のほか、代田二丁目でも折返しが設定されていることが分かる。

所蔵：国立公文書館

その後1938（昭和13）年までに帝都電鉄として、モハ8輛、クハ6輛計14輛が増備されているが、日中は基本、このネットダイヤで、終日2輛編成が標準になって、朝夕は直行、区間とも12分間隔程度に詰められていた。またシーズンの休日は1935（昭和10）年頃から全線で10分間隔運転が行われ、井ノ頭公園の集客力の高さを物語っていた。

7．帝都電鉄の車輛
■登場までの歴史的背景

　1923（大正12）年の関東大震災の後、復興期を境に東京郊外の私鉄電車は、一斉に木造車輛から鋼製車輛へと体質改善の時期を迎えた。

目黒蒲田電鉄モハ500形（501）。関東私鉄標準型の第一号である。
1938.1　奥沢　P：宮松金次郎

　その始まりは1924（大正13）年12月製の京浜電鉄デ51形であった。最初の半鋼製車輛で3扉車、車体長15,519mm、自重23t、定員96名、GE製電動機出力65HP×4、車体汽車会社東京支店製、台車ブリル27－MCB－2、シングルルーフ、トラスロッド無しの優秀車輛であった。その後、東武、京成、東横、武蔵野、少し遅れて京王の各社にも最初の鋼製車輛が登場しているが、多くは従来の木造車輛の構造をそのままに、骨組みと外板を鋼製にしただけで、中にはダブルルーフやトラスロッドを残すものもあった。

　昭和に入る1926（大正15）年、鉄道省モハ30（当時デハ73200）形や1927（昭和2）年の東京地下鉄道1000形の登場で、鋼製車輛デザインは、大きく影響を受けることとなった。従来の木造車伝来の構造から脱皮した窓や扉の配列、乗務員室独立の車輛が登場する様になったのである。

　いわゆる関東私鉄標準型の登場一歩前の形態であり、全室または片隅の運転台、まだ扉間の窓4個を2個ずつ分けて、真ん中に太い柱を入れる、d1D22D22D2の窓配列とした。これは客車時代の特徴で、窓を大きくするための強度を保つ手法であった。

　1928（昭和3）年、川崎造船所改め川崎車輛で製造された目黒蒲田電鉄のモハ500形5輛は、初めて扉間窓が均等4個、片隅両運転台でd1D4D4D2配置の関東私鉄標準型と言われるものとなった。

　このモハ500形は、後続車輛の試作車と言われ、ルーフタイだらけの分厚い屋根、窓間の支柱は太く、ウインドシルは山形、ヘッダーはL形、リベットを多用していて、およそスマートとは言えないスタイルであったが、いかにも川崎車輛製らしい重々しさに、ファンの人気は高かった。

　翌1929（昭和4）年、鉄道省にモハ31形が登場した。基本窓配置はそのままに、モハ30形の窓高さ800mm

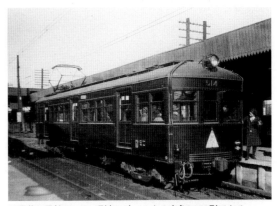

目黒蒲田電鉄モハ510形（514）。のちの東急3450形である。
1932年　目黒　P：高田隆雄

に対し、870mmと高くなり、床面よりの高さ870mmから800mmとし、非常に明るいものとなった。

　1931（昭和6）年、東横・目蒲両電鉄にモハ500形をベースにした量産型モハ510形が登場した。製造には日本車輛東京支店も加わった。リベット多用の分厚い屋根、前面はモハ500形に似せたゴツイ三つ面折、車体幅一杯のアンチクライマーなど、日車製にしては重々しいもので、川崎製を意識しすぎたのかも知れない。

　同年中、少し遅れて川崎車輛兵庫工場製も加わったが、こちらは軟らかいカーブを描いた前面、幅を小さくしたアンチクライマーなど、台車も含めて両メーカー間に相当の差異が見受けられた。結局、1936（昭和11）年までに日本車輛製6輛、川崎車輛製44輛計50輛が建造され、いずれも運転台窓に、特徴ある日除けが設置されていた。この時の川崎車輛製初期車は後の帝都電鉄の車輛と共通する点が多かった。

　このモハ510形と、ほぼ同時期の湘南デ1形も室内構造、台枠構造などに多くの共通点を見いだせる。

　このような関東地方の私鉄電車の流れの中、帝都電

モハ101。空制装置側の側面。一説には登場時、屋根から床下までマルーン一色だったといわれる。　1933.8.6　永福町　P：宮松金次郎

モハ101。電気機器側の側面。マルーンにクロームメッキの手摺りは、ひときわ美しかったと言う。　1933.8.6　永福町　P：宮松金次郎

モハ102の正面。連結器の胴受けは車体に取付けられていたため、アンチクライマーの分アームが長く見えた。

1935.8.18　永福町　P：荻原二郎

鉄は開通に際して、特徴ある電車を世に送りだしたわけである。

■ **モハ100形（101〜109）**

　開通に先駆けて、1933（昭和8）年春に神戸の川崎車輌で9輌が完成、甲種回送で東海道線を上京して、一旦中央線荻窪駅貨物留置線に到着した。

　何回かに分け、夜間、中央線吉祥寺駅に回送され、構内をジグザグに折り返して帝都線建設用の仮線に入線。ここで待機している小田原急行より借り受けていた、元鉄道省の蒸気機関車703号機にけん引され、仮線から線路敷設直後の本線を経由して、武蔵野の田園地帯の真っ只中に建設中の永福町車庫に到着した。

　新車モハ100形は、車体長（連結器間）17,530mm、最大幅2,774mm、最大高さ（空車時の軌条面より）3,700mm、パンタグラフ折り畳み高さ4,154mm、自重38tと地方鉄道限界いっぱいの堂々たる車輌で、先の関東私鉄標準タイプの車輌群の中で、最も大きい車輌であった。なお、車体幅は取り付け部品により、申請時よりオーバーしていたため、認可まで少し時間を要した。原因は車側知らせ灯であった。

　外観的な大きな特徴としては、丸みの強いプレーンアーチ型の鋼板屋根、ふっくらした前面の曲線とそれを強調する三日月型のアンチクライマー（突き当て止め）、床面高さ800mm上に幅800mm、高さ1,000mmの大きな窓、正面運転室窓のヒサシなど、全体的に明朗感が強調された絶妙なデザインであった。同じ川崎車輌で製作され、当時増備が続けられていた東横、目蒲電鉄のモハ510形の影響が色濃く、正に同系列の発展型と言うべきものであった。

　車内を見ると、三つ扉（1,100mm幅、自動）でロングシート、運転台は片隅式で、床面高さ800mmの仕

モハ109。小田急電鉄時代の姿だが、帝都電鉄時代と大きな変化はない。
　　　1942.2.21　永福町
　　　提供：古沢コレクション

モハ100形用の台車。川崎車輌製の一体鋳造台車枠構造のもので、枠の中央には小さく川車のマークが浮き出ている。
　　　1952年　永福町
　　　P：滝川精一

モハ107。後部はクハ500形。　　　　　　　　　　　　　　　　　　　　　　　　　　1937.7.25　永福町　P：橋本哲次

切りとパイプのみ。車内の何処からも、突き進む武蔵野の緑野を展望できる構造になっていた。

　この運転台は、当時人気の高かった湘南デ1形をモデルにしたもので、同じく窓の大きさも、湘南の高さ

モハ100形の運転台。仕切り高さは窓に揃えられていた。
『鐡道趣味』第1巻第5号(1933年)より

1,080mmに対し1,000mmと及ばなかったが、幅では760mmに対し800mmと競っていたのである。

　台車は川崎車輌製の一体鋳鋼台車[※3]。アメリカのディーゼル機関車を連想させる大型のイコライザー式のもので、本体は台車枠一体鋳造(ワンキャスティング)構造であった。

　一般的な揺れ枕式(搖動形)と言われる構造で、センター板バネは4枚構成、軸間距離2,430mm、最大心皿荷重19.6tと20m級車輌にも耐えられそうな大型台車であった。一体鋳鋼台車は保守上優れているが、稀に亀裂が発生すること、台車自体の重量が大きくなる欠点もあって、開業期の帝都線の線路状態には不向きとも言われていた。

　おそらく、後述の大型主電動機も含めて、広域に計画されている各路線の一次試用の意味合いが大きかったのでは、と考えられる。

　車体台枠の構造は、大型の溝形鋼［−178×76×9.5を側梁、中梁に使い、従来の中梁を大断面にして車体中央の撓みを防ぐ方法によらず、側梁にもその強度持たせる方法をとっていた。これは湘南デ1形と共通する構造で、この手法は、経年による車体に撓みの少ない事が、晩年の実物車輌をもって証明している。

　主電動機は、芝浦製作所製、戦前期出力表示で750V(675V)125HP(94kW)のSE−139−Bが各車輌4基ずつ搭載され、制動方式はAMJ−Rであった。

　ここで先の台車も含めて、13kmにも満たない帝都

▲モハ107。屋根に昇る折りたたみ取っ手の位置は、帝都系電車の伝統になった。
P：宮松金次郎

◀モハ103。客室窓は上段固定、下段上昇であった。
1934.7.17　西永福
P：荻原二郎

◀モハ104。車号は砲金製の切り抜き文字で、ビスで止められていた。
1937.10.25　西永福
P：荻原二郎

▶モハ106。開通直前、準備中の姿。　1933.7.26　永福町
　　P：荻原二郎

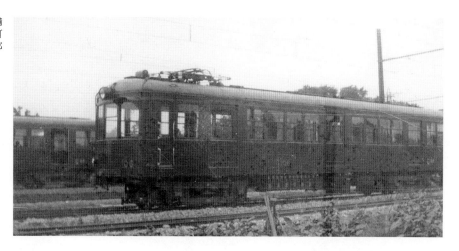

▶モハ108。室内の日除けは巻上げカーテンであった。
　　1936.8　永福町
　　P：西尾克三郎

▼草生す永福町車庫で並んだモハ101と105。
　　1936.8　永福町
　　P：西尾克三郎

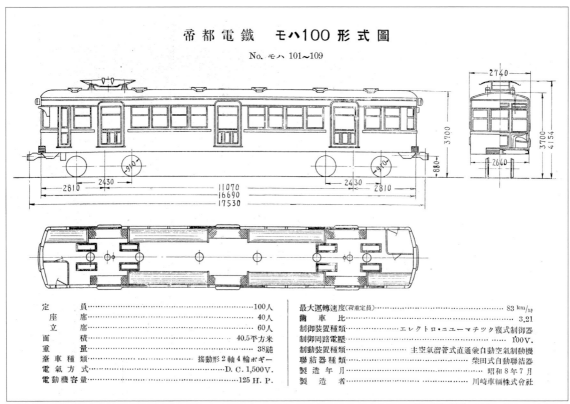

モハ100形形式図　　　　　　　　　　　　　　　　　　　　『鐵道趣味』第1巻第5号（1933年）より

線にしては大型であり、強力すぎるのではないかと思えるが、帝都電鉄成立までの過程から、将来の東村山への延伸、一部着工の山手急行線への直通を考慮して、性能的にも第一級の車輌を登用したと考えられる。

駅間距離の短い各駅停車オンリーの路線では、低出力車はかえってモーターの負担を大きくするため、余裕を持たせたとも言われている。この考えは戦後の1800形の一部や1900形の大容量車まで続いた。

実際、昭和30年代以前までの私鉄では、少出力の車輌程オール電動車で編成して、より停車駅の少ない急行などに登用されることが多かった。

制御器は、イングリッシュ・エレクトリック（EE社）のライセンス生産による東洋電機製造の間接制御ES509を搭載していた。コントローラーはデッドマン式（ノブを押して回すもの、何かの事態発生で手を放すとハンドルが跳ね上がり、停止するもの）であった。

ハンドルは二段式で、一段目で自動加速指令になって、ハンドルをフルノッチ（9段）まで回し即起動して加速する方法、二段目で止めると手動加速指令になり、1ノッチずつ確実に進段しながら加速して行く方法があり、前者はフルノッチに回した瞬間、ドシンと言う衝撃が入るが、通常なめらかに加速して行くこの方法をとられることが多かった。

コントローラー本体は、楕円形の大型のもので、阪和や京成、湘南電鉄に同タイプが使用されていたが、1933（昭和8）年当時としては、純国産の小型高性能器が開発されていて、少し時代遅れの感があった。

ブレーキはウエスティングハウス・エアーブレーキ社（WABCO）のライセンスによる日本エアーブレーキ社製で、単車運転用の直通ブレーキと連結運転用の自動空気ブレーキが切換使用を可能としていて、本形式以下の帝都車共通であった。

■モハ200形（201～208）

1934（昭和9）年4月、井ノ頭公園～吉祥寺間が開通して帝都線は全通した。吉祥寺口の乗客も増加して、平日の朝夕と休日を中心に運転される2輌編成も、車輌不足で、新造車の到着待ちが続いた。

同年中に新形式モハ200形201～204の4輌が登場した。モハ100形と同一寸法の車体で、今度は日本車輌東京支店で製造された。主電動機は、東洋電機製で戦前期出力表示750V（675V）で75HP（56kW）のTDK－516が各車輌4機ずつ搭載されていた。

低出力に変わったのは、200形同士の連結運転に対応するために、後続で登場する制御車クハ250形はモ

モハ202。単行運転と200形同士の２輌編成が基本であった。　　　　　　　　　　　　1936.8　永福町　P：西尾克三郎

ハ100形とMTcの編成を予定していた。主制御装置はモハ100形と同じ東洋電機製造のES509、制動方式はAMJ－Rであった。
　台車は日本車輌標準型の板枠ボールドウインタイプD－18、軸間距離2,100mmと小型になった。

1936（昭和11）年10月には、モハ205～208の４輌も完成して、帝都電鉄時代の全電動車17輌が揃った。

■**クハ500形（501・502）**
　1936（昭和11）年２月、帝都電鉄最初の制御車クハ

モハ208。川車製だったモハ100形に対しモハ200形は日本車輌東京支店で、台車はD－18であった。　　1937.3.26　西永福　P：荻原二郎

モハ204。台車以外の川車製との差異は、屋根のRと鋼板の張り方であった。
1935年　P：伊藤東作

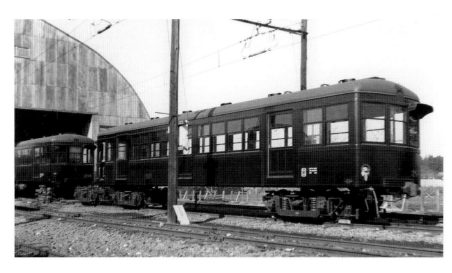

日本車輌から搬入直後のモハ205・206。まだ床下機器もなく、これから電装工事に入る。　1937.1.15　永福町
P：橋本哲次

500形2輌が登場した。旧品流用の日本鉄道自動車工業製の2扉車であった。

当時の『鐵道趣味』(昭和10年8月号) の読者報告によれば、古い2輌分の台車と台枠が永福町車庫に運び込まれ、聞けば大正14年の汽車会社東京支店製による未使用の私鉄用で、これで制御車2輌を造ると報告がされていた。同頁には、別の読者から筑摩電鉄納入の筈だったとも報告されていた。台車、トラス棒の台枠形状から大正初期前後の客車用とも考えられる。

実際に筑摩電鉄向けだったか、今もって判然としないが、これ以降筑摩電鉄の注文流れは、定説になってしまった。

約半年の工期を経て、日本鉄道自動車の出張工事によるクハ500形2輌は竣功した。側面と屋根だけはスチールの帝都電鉄の標準をクリアしていて、案外違和感の無い出来ばえであったが、前面や屋根のR叩き出しの一部が省略されていた。あくまでも台枠はそのまま工作しているため、車体長は短く15,910mm、最大幅2,774mm、最大高さ3,720mm、自重24t、窓配置はd1D9D2で両側面対象の両運転台であった。扉幅

出張工事により永福町車庫で製作中のクハ501の車体。台枠以下は流用であったが、それ以外の構体はすべて新製であった。
1935年頃　永福町　P：裏辻三郎

永福町で折り返しを待つクハ501＋モハ105。クハ500形は日本鉄道自動車製で、帝都電鉄としては唯一の2扉車という異端車であった。
1936.8　永福町　P：西尾克三郎

クハ502。他形式に比べ屋根のRとアンチクライマーの大きさが異なっており、車端に寄ったTR10系台車、シャロン式連結器も特徴であった。
1937.1.15　永福町　P：橋本哲次

◀モハ100形(左)とクハ501(右)。台車位置の違いがよくわかる。扉幅もクハ500形の方が狭い。　1936.5.8　永福町
P：荻原二郎

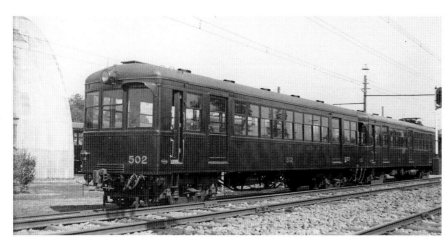

◀クハ502。客車用と思われるトラス棒が見える。
1936.3.27　永福町
P：荻原二郎

▼遠足の子どもたちで満員の渋谷行きクハ502。
1936.11　永福町
P：西尾克三郎

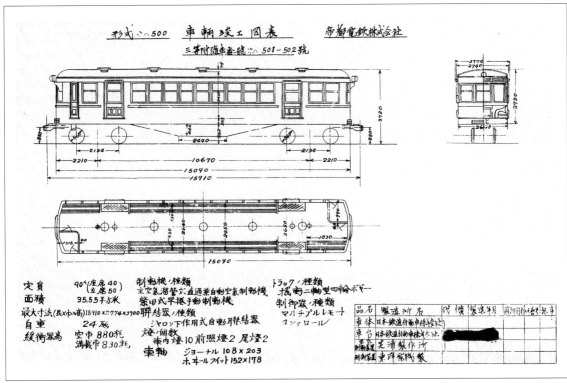

クハ500形竣功図表　　　　　　　　　　　　所蔵：宮田道一

は、他車が1,100mmに対し1,000mmと狭く、側面窓幅も800mmに対して758mmと狭いが、高さは800mmに揃えていた。

　台車は軸間距離の狭いTR10系で、ボギーセンターが極端に車端部に寄っていた。トラス棒も旧台枠のそのまま、連結器も唯一のシャロン式と、最新車輌群にあって、全てが異質であった。

　唯一の二扉車のため乗客の少ない吉祥寺寄りに連結されることが多く、休日の井ノ頭公園、大宮公園への輸送で大活躍した。なお、渋谷寄り運転台機器は戦前の内に取り外され、実質の片運転台車になっていた。

■クハ250形（251〜260）

　1938（昭和13）年5月、モハ100・200形と全く同形、同一寸法の本格的制御車クハ251〜254の4輌が登場した。

　帝都電鉄としては、最後の新造車で、1940（昭和15）年9月増備のクハ255・256の2輌は小田原急行鉄道と合併して同社の帝都線となった後に入籍、翌1941（昭和16）年4月のクハ257〜260の4輌の増備車は、同社

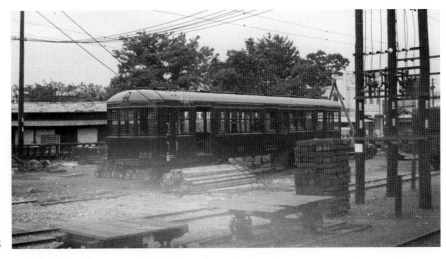

荻窪駅に到着、陸送を待つクハ253。
　1938年頃　P：裏辻三郎

◀荻窪駅から陸送されるクハ253。日本車輌東京支店のシートに包まれている。
1938年頃　P：裏辻三郎

▼搬入直後のクハ254。機器はまだ取付けられていない。
1938.6.5　永福町
P：荻原二郎

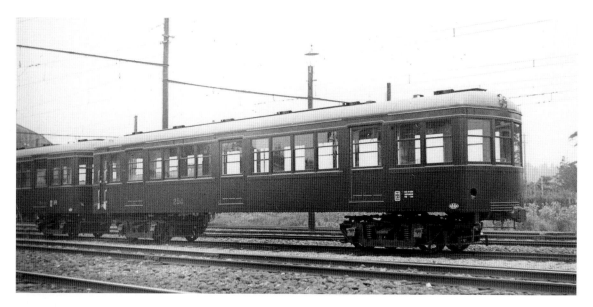

吉祥寺側から見たクハ259。この車輌は小田原急行と合併後に就役した。　　　1942.2.21　永福町　提供：古沢コレクション

渋谷側から見たクハ259。クハ250形は両運転台構造であったものの、吉祥寺向きの制御車として就役。渋谷側は尾灯、ヒサシのみで、前照灯は付いていなかった。また、渋谷側にはパンタグラフの台が準備されている。　　　　1942.2.21　永福町　提供：古沢コレクション

が小田急電鉄に改称した後、入籍している。

　製造はモハ200形と同じ、すべて日本車輌東京支店で、両運転台構造であったが、通常モハ100形と組んで吉祥寺寄リに連結されていた。稀にモハ200と組むこともあった。渋谷寄リ運転台は、仕切リと一部のスイッチだけで、機器類は最初から取リ外されていた。また、ヘッドライトも外されていたが、半押し込みタイプの尾灯とヒサシは取リ付けられていた。なお、クハを下リ側に連結するのは、永福町車庫の配線が大きく影響して、ラッシュ時の増結、解放を容易にするためであった。

■ト1形（1・2）

　帝都電鉄唯一の保線用無蓋貨車。1936（昭和11）年6月11日認可、日本鉄道自動車より購入している。

　一見して中古車輌であることは判るが、何処の何かが全く不明である。特徴として単台車の台車枠が外に

クハ250形の日本車輌D-18台車。　　　P：滝川精一

出て、板バネを内側に取リ付けていた。

　時代的には恐ろしく古く、明治最初期の官線鉄道の貨車に、この特徴がしばしば見られた。2輌も揃っていたのも不思議で、何処かの私鉄か工場に温存されていたのであろうか、今後の研究課題である。

　貨物営業は断念しているので、申請書の通リ、線路用砂利運搬用として使用するもので、いわゆる社用品専用車である。

ト1＋ト2。足回リに明治期の古典貨車の特徴が見て取れる。　　1936.9　永福町
　　　　P：荻原二郎

Ⅲ 小田原急行鉄道との合併

1．業績不振、金鉱開発問題、そして合併

　少しずつ郊外電車としての歩みを始めた帝都線。開業以来の鉄道収入は、昭和9年度33万3000円、同10年度44万円、同11年度52万1000円、同12年度61万8000円と、数字だけ見ると順調に見えるが、営業距離の短い路線とあって、金額は他社線とは比較にならないほど少額であった。副業としての不動産販売も小規模で、東横乗合自動車より譲り受けたバス事業は、スタートした直後であった。順調に見えた経営も、次第に苦しいものになっていた。

　一方、小田原急行鉄道と帝都電鉄は、1933(昭和8)年頃より、その資本の背後にある鬼怒川水力電気と共に、利光鶴松が中心になって、当時の中華民国山東省招遠県の金鉱開発に乗り出していた。

　小田原急行の経営状態は、開通以来どん底状態が続き、帝都電鉄も発足直後の虚弱体質であり、いずれも起死回生の一策として、この事業に参画した。この金鉱開発は、時の両政府の許可を得たもので、埋蔵量も含めて相当有望視されていた。しかし、その後の日中戦争の激化により、設備が破壊されて、復旧の目途も立たず、事業は中断状態に陥っていた。

　1938(昭和13)年6月になって、三社は諦めず、さらに三菱鉱業も加わって、再び金鉱開発事業乗り出した。間もなく帝都電鉄の定款にも「鉱業」の文字が加えられたのである。

　大陸での戦局が泥沼化する中、国内では1938(昭和13)年4月に陸上交通事業調整法が公布(同年8月1日施行)され、戦時下に於いて、都市部の交通事業を再編成する機運を高める第一歩となった。

　そのことは、やがて経営合理化の名目のもと、小田原急行鉄道と帝都電鉄の合併へと進むことになった。

　1940(昭和15)年5月1日、両社は合併して、帝都電鉄は、小田原急行鉄道の帝都線となった。

　両社ともに社長は利光鶴松であり、単に国策路線に沿ったと言うより、会社の今後を見据えての決断であったと言えよう。

　翌1941(昭和16)年3月1日、小田原急行鉄道は、その親会社である鬼怒川水力電気と合併して、新たに社名を小田急電鉄と改称した。鬼怒川水力電気の持つ電力供給事業を、国策会社である日本発送電会社に譲渡し、これを境に民間の電力供給事業の一切は、国家管理となった。

　この時、小田原急行鉄道は解散して消滅会社に、同時に鬼怒川水力電気を存続会社として、社名も小田

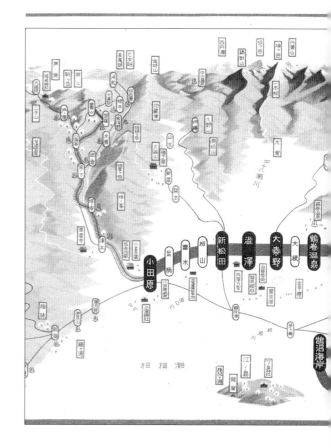

急電鉄と改称されたのであった。併せて帝都線の名称も、正式に小田急電鉄帝都線となり、線名としての帝都の名称は風前の灯となった。

2．小田原急行鉄道・小田急電鉄時代の車輌

　クハ250形の増備車255・256の2輌が合併後の小田原急行鉄道帝都線時代に就役、257～260の4輌は小田急電鉄井ノ頭線発足1ヶ月後に就役した。

　合併後、本線と形式、車号の重複を改善が計画されたが、実現しないうちに、東急時代を迎えた。

Ⅳ 東京急行電鉄時代

1．西南私鉄の統合

　1938(昭和13)年4月2日に公布された陸上交通事業調整法に基づいて、戦時の合理化のため、事業体における鉄道、バス事業の整理統合する機運が高まりを見せた。

　特に燃料が関係するバス路線から、各社重複する路線の見直しが行われ、路線によって譲渡や合併、廃止が進められた。

　鉄道、軌道でも各地域ごとに統合や市営に吸収が計

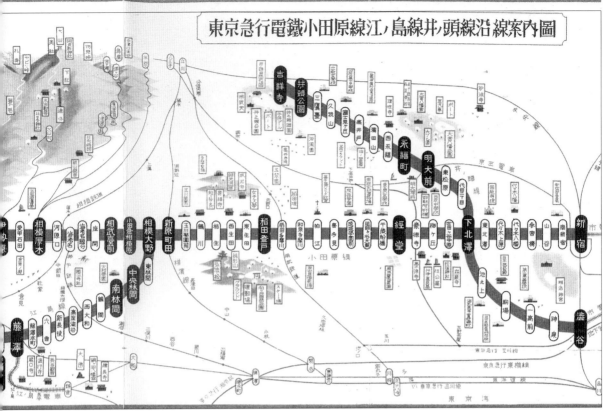

大東急時代に制作された新宿営業局の旧小田急系各線(小田原線、江ノ島線、井ノ頭線)の沿線案内。
所蔵：関田克孝

画され、その一部は実施されていた。

当時、鉄道省中央線以南の、いわゆる東京西南域では、小田原急行鉄道と帝都電鉄、東京横浜電鉄と玉川電気鉄道、目黒蒲田電鉄と池上電鉄、京浜電鉄と湘南電鉄など、直接同調整法に基づくものでは無く、それ以前からの動きの中で統合したもの、あるいは、しつつあるものが、それぞれ割拠していた。

その中にあって、地域の中心的存在であったのは、東京横浜電鉄を率いる五島慶太であった。すでに1941(昭和16)年9月に創業者の利光鶴松に請われて小田急電鉄の社長に就任していて、同11月には武蔵電気鉄道以来の念願だった東京地下鉄道問題を介して、

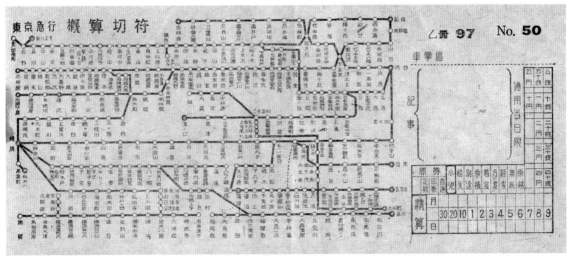

大東急時代の車内補充用の乗車券。旧玉川・池上の路線を含む東横系の各線に加え、旧帝都を含む旧小田急、旧京浜・湘南、旧京王の各線、そして経営委託中だった相模鉄道まで含まれている。
所蔵：鈴木 洋

東急デハ1401（旧帝都モハ101）ほか。灯火管制装置取付けのため前灯が屋根上に移設されている。　　1944.7　永福町　P：園田正雄

京浜電気鉄道の社長にもそれぞれ就任して、両社は系列下になっていた。

1942（昭和17）年５月１日、東京横浜電鉄は、小田急電鉄と京浜電気鉄道を合併して、資本金２億480万円、鉄軌道総延長274.5km、総従業員数11293人の東京急行電鉄として発足した。この時、帝都線は東京急行電鉄の井ノ頭線と改称されたのである。

この時点で、京王電気軌道は、電力供給業国有化の譲渡補償金などで、比較的経営状況が良かったため参加せず、その後の買収交渉も難航の末、1944（昭和19）年５月31日になって正式に東京急行電鉄に合併した。

大組織になった東急は、旧三社である東横、小田急、京浜ごとに、それぞれ渋谷、新宿、品川にそれぞれの営業局が置かれ、井ノ頭線は当然新宿営業局に属することになった。なお、後からの京王は、合併同日に京王営業局として発足している。

しかし、それぞれの営業局が組織的に大き過ぎて、一体感にも欠けるため、1945（昭和20）年３月14日、営業局制を止めて、７つの管理部が設置された。

渋谷（東横、玉川、井ノ頭）、目黒（目蒲、大井町、池上）、新宿（小田原）、品川（京浜）、横浜（湘南）、京王（京王）と、合併はしていないが経営受託中の相模（神中）の合わせて７管理部に改編され、より細やかな意思の疎通が図れるものとした。しかし、実際には不協和音も相当あった様で、特に現業サイドで、それは著しかったと言う。この時、井ノ頭線は新宿を離れ、渋谷管理部に移っている。

旧小田原急行線から転入したデハ1367。後部はクハ1501（旧クハ501）。戦災被災前の井ノ頭線における同車の姿は極めて珍しい。前灯・尾灯は灯火管制装置が取付けられている。　1943.11.1　永福町　P：原 信太郎

東京急行クハ1501(旧帝都クハ501)。同車は1945年5月の空襲で被災、焼失した。改番後の貴重な記録である。
1943.11.1　永福町
P：原 信太郎

2．東京急行電鉄井ノ頭線の車輌(被災前)

　帝都電鉄は合併後、小田原急行鉄道帝都線、小田急電鉄帝都線と路線名は、変化したが、車輌については大きな変化は無く車輌番号もそのまま引き継がれた。

　同一会社になったものの、形式(小田急は形式末尾に1を付番)、車号が重複するものも、取りあえずそのまま継承されていた。線路が完全に分断されている事や、車輌の移動が無かったためと考えられる。

　1942(昭和17)年5月1日、東京急行電鉄が成立すると、井ノ頭線は小田原線と共に1067mm軌間、1500V車として一斉に改番が実施され、製造初年度順に古い小田原線車輌を追う形になった。

　この時、旧帝都車の特徴である、美しい砲金製の大きな切り抜き文字は、取り外すのではなく、一斉にグラインダーで削り取られて、東京急行統一書体の文字(ペイント)に書き変えられている。時局柄、金属回収に協力する目的もあって、美しい社名銘板や製造銘板まで削られ、麻袋に詰められた。

　合併時の総勢29輌、ラッシュ時を中心に車輌が不足するため、初めて小田原線車輌2輌が転属して来た。

■旧モハ251形→デハ1350形1366・1367

　小田急時代の1941(昭和16)年、小田原線の2扉ロングシート車クハ551形564・565の2輌が、廃車になったモニ1形1・2の電装品をそのまま流用して、モハ251形251・252に生まれ変わった。新形式としたのは、モハ201形とはギヤ比が異なり、他のHL車とは連結運転ができないための措置であった。しかし、東京急行の改番ではモハ201形をデハ1350形1351〜1365とし、モハ251形はそのまま1350形に形式合併して、追い番号である1366・1367を名乗っている。

　1943(昭和18)年5月15日、小田原線の新車デハ1600形入線の見返りとして、性能的に孤立していたこの2輌が、井ノ頭線の車輌不足に対応するため転属した。2輌とも新宿貨物側線より道路輸送で、永福町入りしている。

　井ノ頭線では、同じく2扉のクハ1500形の電気品を改良して編成を組み、時に渋谷〜永福町間で3輌編成を組むこともあった。

　同年12月早朝、1366+1367+1500形の編成が永福町車庫から無人で暴走、そのまま渋谷駅へ乗り上げる事故が発生した。この時、1366は機器と台車をデハ1400形の備品と交換、性能は1400形と同一となった。なお、戦時下の輸送には2扉が不向きなため、3扉化が検討されていた。

■旧モハ100形→デハ1400形1401〜1409
　改番以外に変化なし。

■旧モハ200形→デハ1450形1451〜1458
　改番以外に変化なし。1456が永福町で異線進入事故に遭っている。

■旧クハ500形→クハ1500形1501・1502
　改番以外に変化なし。HL制御に改良した。

■旧クハ250形→クハ1550形1551〜1560
　改番以外に変化なし。

■旧ト1形→ト300形ト301・302
　改番以外に変化なし。

上巻のあとがき

本書の著作に際し、多くの方々から帝都電鉄時代のお話しをお聞きし、また写真をご提供いただきました。特に、荻原二郎さんは、おそらく開通する前後の帝都電車の様子を、直にお話しいただいた唯一の方でした。荻原さんは建設工事途上の下北沢・小田原線越えや、竣功近い高井戸の築堤なども記録されておられたほか、吉祥寺駅北西で待機していた工事用のタンク機の姿も目撃されていました。

また、長年にわたり海外の鉄道や鉄道模型の情報を頂いた原 信太郎さんには、帝都線開通当日の切符「0001番」の入手の苦労話をお聞きししたほか、戦時下に氏が撮影を敢行された戦災焼失直前の永福町車庫の記録にも驚かされました。

残念ながら直接お会いすることはできませんでしたが、宮松金次郎さんが戦前編集されていた『鐵道趣味』No.5に掲載された、巻頭の帝都電鉄記事中、開通時の情景や技術的報告は、本書の基礎資料になりました。また同誌掲載の記録写真も、ご子息の宮松慶夫さんに

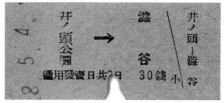

大東急時代、昭和18年5月4日の乗車券。井ノ頭公園から渋谷まで30銭。　　　　所蔵：内田喜八郎

よって保存されていたものをご協力いただきました。

さて、続く下巻では、東京大空襲により永福町車庫が焼失、大東急下の応援車輌と、それ以降の車輌の動きを中心に収録する予定です。また、参考文献は下巻でまとめて挙げさせていただきます。

※1　『碑衾町誌』(昭和7年・同町役場)によれば、大井町からの東京郊外電鉄(山手急行線)が馬込方向から東奥沢を経由し、同町内の衾 立源寺付近より氷川神社前を経て中一ツ木方面へ至る。とある、同線計画が具体的に動いていた一例。
※2　資本金の一部を取り崩して、資本金の額を減じ、その分を利益金(剰余金)として、株主への配当金に充てるもの。
※3　川崎車輌では、この台車の形式番号は無く、社史などでは単に一体鋳鋼台車と呼ばれている。京王帝都電鉄になってからは、同社内の呼称としてK-3と呼ばれた。

開通直後、下北沢(現在の茶沢通り付近)を行くモハ102。
　　　　　　　　1933.8.7　下北沢-池ノ上　P：荻原二郎